LA PIÉTÉ FILIALE

ET

LE CULTE DES ANCÊTRES EN CHINE

PAR

M. HENRI CORDIER

PARIS
ERNEST LEROUX, ÉDITEUR
28, rue Bonaparte (VIe)

1910

LA PIÉTÉ FILIALE

ET LE

CULTE DES ANCÊTRES EN CHINE

Extrait de la *Bibliothèque de vulgarisation du Musée Guimet*, t. XXXV, 1910

Chalon-sur-Saône, Imprimerie française et orientale E. Bertrand

LA PIÉTÉ FILIALE

ET

LE CULTE DES ANCÊTRES EN CHINE

PAR

M. Henri CORDIER

PARIS
ERNEST LEROUX, ÉDITEUR
28, rue Bonaparte (VIe)

1910

[illegible]

[illegible]

[illegible]

[illegible]

LA PIÉTÉ FILIALE ET LE CULTE

DES

Ancêtres en Chine

PAR

M. HENRI CORDIER

Confucius qui, jusqu'à nos jours, a marqué de sa forte empreinte personnelle la culture chinoise, fut moins un philosophe qu'un moraliste, moins un moraliste qu'un homme d'Etat. Génie essentiellement pratique, doué apparemment de peu d'imagination, Confucius n'a rien inventé; mais diligent étudiant des choses du passé, observateur minutieux des mœurs des différents milieux, il a recueilli les traditions des générations antérieures et noté les enseignements des événements qui se sont déroulés devant ses yeux ; il les a reproduits, analysés, parfois codifiés, dans les *King*, ou Livres canoniques qui, s'ils ne sont pas tous son œuvre directe, portent tous la marque de son influence, de sa doctrine et de son enseignement personnel. Il a donc créé ainsi un système de morale, surtout un système de gouvernement, système ayant pour base des règles bien déterminées qui révèlent peut-être leur caractère le plus simple et le plus intelligible dans le *Hiao King*, ou Livre de la Piété filiale.

Le caractère *Hiao* que l'on traduit par « Piété filiale », est formé de deux caractères, l'un signifiant « vieillard », l'autre signifiant « un fils », en sorte que suivant l'antique dictionnaire *Chouo wen*, publié en 100 ap. J. C., il représente à l'œil un fils portant un homme âgé, c'est-à-dire un enfant portant son parent. La piété filiale a été l'objet des entretiens de Confucius avec son disciple Ts'eng tseu ; tel était l'attachement de celui-ci pour ses parents, qu'un jour sa mère ayant besoin de lui et ne pouvant le faire prévenir de son désir, elle se mordit le doigt, et par un phénomène de télépathie anticipée, le jeune homme averti par une douleur subite, rentra chez lui ; il a mérité le surnom de *Tsoung Cheng* et, avec Yen Houei, Tsou-seu et Meng k'o, il est l'un des quatre « Assesseurs » de Confucius dans les temples. Il est probable que ces conversations sur la piété filiale n'ont été transcrites ni par Confucius, ni par son interlocuteur lui-même, mais que répétées par Ts'eng tseu à ses disciples, ces derniers les ont recueillies et classées, formant ainsi le livre canonique de second ordre appelé *Hiao King*, classique de la Piété filiale, qui ne comprend que 1.903 caractères.

Le *Hiao King*, comme les autres Livres classiques, a eu à souffrir de la proscription de l'empereur Ts'in Chi Houang-ti, au IIIe siècle avant notre ère ; reconstitué depuis, cet ouvrage a été l'objet de nombreux commentaires et de plusieurs éditions dont les plus typiques sont, sans doute, celles de l'empereur Hiouen Tsoung en 722 et de Se-ma Kouang au XIe siècle. Il a été traduit dans plusieurs langues étrangères, ainsi qu'on le pourra voir dans la *Bibliotheca Sinica*.

Le *Hiao King* de l'empereur Hiouen Tsoung, qui est celui qui a été traduit en anglais par le Rev. Dr. James Legge, comprend dix-huit chapitres. C'est, comme je l'ai écrit jadis[1], une

1. *Revue de l'Histoire des Religions*, III, 1881, p. 222.

étude complète de la piété filiale ; mais cette étude n'est nullement envisagée à un point de vue élevé ; elle est terre-à-terre, utilitaire, sans grandeur ; si le *Hiao King* n'a pas été écrit par Confucius, ni même par Ts'eng tseu, il n'en porte pas moins l'inspiration du célèbre moraliste chinois ; si le style même de ce livre permet d'hésiter sur le nom de son auteur, son caractère pratique le fait classer avec juste raison parmi les écrits de l'Ecole de ce Sage, dont le système a eu le plus de durée parce qu'il était une morale simple plutôt qu'une philosophie quintessenciée. La piété filiale n'est plus un sentiment naturel, spontané, grand, noble, aussi divin qu'humain, c'est un devoir parfaitement limité, parfaitement défini, envers ses parents, envers son souverain. C'est la source même de toutes vertus, et la première des vertus est la conservation de soi-même :

« Tout notre corps, jusqu'au plus mince épiderme et aux cheveux, nous vient de nos parents ; se faire une conscience de le respecter et de le conserver, est le commencement de la piété filiale. Pour atteindre la perfection de cette vertu, il faut prendre l'essor et exceller dans la pratique de ses devoirs ; illustrer son nom et s'immortaliser, afin que la gloire en rejaillisse éternellement sur son père et sur sa mère. La piété filiale se divise en trois sphères immenses : la première est celle des soins et des respects qu'il faut rendre à ses parents ; la seconde embrasse tout ce qui regarde le service du prince et de la patrie ; la dernière et la plus élevée, est celle de l'acquisition des vertus, et de ce qui fait notre perfection. » (Chap. I.)

Cette piété filiale n'est nullement la même pour tous ; elle varie suivant la classe ; elle n'est pas chez l'empereur ce qu'elle est chez les princes, les grands, les lettrés ou le peuple. Si le Fils du Ciel témoigne de son amour et de son respect extrême pour ses parents, il servira d'exemple à ses peuples pour honorer les leurs; si les princes sont sans orgueil, quelque élevé que soit leur rang, ils ne tomberont pas ; ils doivent être économes, se garantir du luxe, tout en vivant avec dignité ; un premier ministre ne doit point s'écarter des lois des anciens empereurs, ni dans ses habits, ni dans ses discours, ni dans ses actions ; les fonctionnaires subalternes peuvent conserver leur dignité tout en étant fidèles et obéissants et en ne manquant point dans leur service à ce qu'ils doivent à leurs supérieurs : la piété filiale s'étend depuis l'empereur jusqu'au moindre des citoyens.

La piété filiale n'est plus ce sentiment simple d'amour de l'enfant pour ses parents, c'est un sentiment complexe qui comprend tous les sentiments, une vertu multiple qui renferme toutes les vertus, universelle, « embrassant tout depuis l'empereur jusqu'au dernier de ses sujets, ne commençant ni ne finissant à personne ». Et Ts'eng tseu, émerveillé de s'écrier : « Que la grandeur de la piété filiale est immense ! » et le Sage de répondre : « Ce qu'est la régularité des mouvements des astres pour le firmament, la fertilité des campagnes pour la terre, la piété filiale l'est constamment pour les peuples. » (Ch. VII).

Au point de vue gouvernemental, la piété filiale, qu'on soit empereur, roi, prince, etc., consiste à bien traiter ses inférieurs. (Ch. VIII). — Lorsque Ts'eng tseu demande à son Maître s'il y a quelque vertu au-dessus de la piété filiale, Confucius lui répond que de même que l'homme est la plus noble production du Ciel et de la Terre, dans les actions de l'homme, rien n'est au-dessus de la piété filiale. (Ch. IX). — La piété filiale comprend cinq choses : témoigner à ses parents le plus profond respect ; leur procurer les aliments qui leur soient le plus agréables ; manifester la plus vive anxiété quand ses parents sont malades ; dans le deuil être frappé de désolation ; enfin dans les honneurs funèbres, marquer la plus profonde vénération. (Ch. X.) — A l'époque des Tcheou, c'est-à-dire à celle de Confucius, il y avait cinq sortes de supplices : 1o une marque noire qu'on imprimait sur le front ; 2o l'amputation du bas du nez ; 3o celle du pied ou du nerf du jarret ; 4o la castration ; 5o la mort ; ces cinq sortes de supplices s'appliquaient à trois mille espèces de crimes, mais, nous dit le *Hiao King*, aucun de ces crimes n'égale l'absence de piété filiale. (Ch. XI). — Ts'eng tseu pose la question de savoir si un fils qui obéit en tout à son père remplit les devoirs de la piété filiale et le Sage de rétorquer : comment une obéissance absolue à toutes les volontés du père peut-elle être considérée comme un devoir de la piété filiale, puisque le prince, le père, etc., doivent être avertis lorsqu'ils commettent des fautes ? (Ch. XV.) Il y a donc droit de remontrance.

Comme on le voit, rien de plus précis que les devoirs de la piété filiale ; et ce n'est pas seulement dans le *Hiao King* que vous les trouvez énumérés. Le rituel *Li-ki* à côté d'une pensée délicate : « Un fils rempli de piété filiale entend ses père et mère sans qu'ils lui parlent, et il les voit sans être en leur présence », nous donne les renseignements les plus circonstanciés sur le deuil, par exemple : « La rigueur du deuil ne doit pas aller jusqu'à trop s'amaigrir ou jusqu'à affaiblir ni la vue, ni l'ouïe... Si on a une blessure à la tête, on peut la laver ; si on est échauffé, on peut prendre le bain ; si on est malade, on peut manger de la viande et boire du vin ; mais on reprend les observances du deuil dès qu'on est remis ; les négliger, ce serait outrager la nature et abjurer la piété filiale. » Ceci est plein de bon sens.

Le dernier chapitre (XVIII) même du *Hiao King* donne les conseils les plus méticuleux sur la manière d'ensevelir les parents ; la conclusion cependant de ce livre de préceptes, de ce guide de la vie quotidienne, est élevée et se rapproche de nos idées sur la piété filiale :

« Honorer et aimer ses parents pendant leur vie, les pleurer et les regretter après leur mort, est le grand accomplissement des lois fondamentales de la société humaine. Qui a rempli envers eux toute justice pendant leur vie et après leur mort, a fourni en entier la grande carrière de la piété filiale. »

La piété filiale, telle que nous la dépeint le *Hiao King*, n'est plus le sentiment naturel qui se retrouve chez tous les peuples, le peuple chinois compris ; c'est une doctrine officielle. La piété filiale comme nous l'entendons est affaire individuelle ; elle n'a d'influence ni sur notre politique générale, ni sur nos croyances religieuses. A la Chine, au contraire, elle a transformé la nation en une vaste famille dont le chef est l'empereur ; elle est devenue la base d'un gouvernement qui n'a rien de chimérique, qui est réel et durable puisqu'il existe depuis des siècles. Dire qu'il existera longtemps encore, nous ne le pensons pas ; cependant nous pensons, malgré certains signes, qu'on ne peut, dès à présent, prévoir le terme d'un système qui a eu l'avantage de s'appuyer sur un sentiment simple et naturel à l'origine, au lieu d'avoir pour point de départ des théories creuses et artificielles, mais qui ne saurait tenir devant les idées nouvelles que les relations toujours croissantes avec les étrangers apporteront nécessairement. Ce dogme de la piété filiale, pivot de la machine sociale qui, dans l'ordre politique, a donné à la Chine son mode de gouvernement, devait forcément dans l'ordre religieux créer un culte spécial. Ce respect profond envers les parents, ces devoirs incessants, ces conseils sévères, ont nécessairement créé entre les parents et les enfants, toujours en théorie, une barrière immense. Les soins rendus aux morts se sont facilement transformés en un culte qui, perfectionné avec le temps, multipliant ses cérémonies, est devenu le culte des ancêtres. Et, de même que dans le gouvernement, le système a continué son fonctionnement quoique son origine soit aujourd'hui un peu oubliée, dans la religion, le dogme a fait place au cérémonial, et la pratique de la piété filiale s'est à peu près restreinte au culte rendu aux ancêtres.

Le Chinois possède une tendance à donner une forme particulière, en quelque sorte visible, à ses spéculations philosophiques ; avec les philosophes de la dynastie des Soung, de Tchou-hi en particulier, il a tiré de la morale de Confucius le *Jou-kiao*, ou Religion des Lettrés ; le spiritualisme et les profondes méditations de Lao-tseu ont été dégradés par le *Tao-kiao* ou Taoïsme ; la piété filiale a pris un caractère pratique avec le culte des ancêtres ; il est injuste de dire avec un auteur anglais : « Ancestral worship is filial piety gone mad[1] », mais il est juste de dire que ce culte dérive directement de la piété filiale. Il est nécessaire de donner ici quelques notions des idées des Chinois sur l'âme, et les circonstances de la mort.

Le premier des livres canoniques, des grands *King*, le *Yi king*, ou Livre des Changements, renferme la base de la philosophie chinoise. A l'origine, il y a un grand principe *Taï Ki*, grand absolu, grand extrême, auquel les philosophes de la dynastie des Soung, dont le chef fut le célèbre Tchou-hi (1130-1200 ap. J. C.), ajoutèrent le *Wou Ki*, c'est-à-dire l'absolu rien, l'infini. Le *Taï Ki*, animé par son souffle, crée le grand principe mâle *Yang;* ce dernier, dans son repos, donne naissance au principe femelle *Yin*. Lorsque ces deux principes mis en mouvement finissent par se reposer, ce qui se trouve en haut est le Ciel correspondant au *Yang*, ce

1. J. Dyar Ball.

qui reste en bas est la Terre correspondant au *Yin*. Puis, dans la suite de leur mouvement, on voit se former le soleil et la lune, les étoiles et les planètes, l'eau et le feu, les plantes, les minéraux, les hommes, les animaux, etc. Les lois qui régissent les mouvements sont au nombre de quatre : 1° *Ki*, le souffle de la nature, qui représente l'énergie ; 2° *Li*, les lois de la nature antérieures au *Ki ;* 3° *So*, qui donne les proportions numériques ; enfin pour rendre tangibles ces lois, les rendre matérielles, 4° *Ying*, la forme de la nature.

On a représenté ce système philosophique par des diagrammes. Quelquefois on s'est contenté des trois pouvoirs de la nature, *San-Tsaï :* Ciel, Terre, Homme, indiqué par un ∆. Les deux principes primitifs sont marqués, l'un par une ligne droite ——— qui correspond au *Yang*, par conséquent au principe mâle, à la lumière et au ciel ; l'autre par une ligne brisée — — qui correspond au *Yin*, par conséquent au principe femelle, aux ténèbres et à la terre. De ces lignes, on a déduit les huit trigrammes ou *Pa Koua*, dont l'invention est attribuée à Fou-hi, le premier des cinq souverains (2852-2738 av. J. C.).

Suivant l'ancienne philosophie chinoise, l'homme a deux âmes, nous dit De Groot :

1o Le *chen* ou âme immatérielle émane de la partie céleste éthérée du Cosmos, et se compose de la substance *yang ;* quand elle opère d'une manière active dans le corps humain vivant, elle est appelée *k'i* ou « souffle », et *hwun ;* quand elle en est séparée après la mort, elle vit comme un brillant esprit, désigné *Ming.*

2o Le *kouei*, l'âme matérielle, émane de la partie terrestre de l'Univers, et est formée de la substance *yin ;* quand l'homme vit, elle agit sous le nom de *p'o*, et à sa mort elle retourne à la Terre ; c'est donc le *kouei* qui est enseveli avec le corps, et le *chen* réside à l'entour de la tombe.

En réalité chacun des viscères a une âme à forme humaine, et quelques médecins attribuent à l'homme un nombre infini d'âmes ou de parties d'âmes, ou, comme ils le disent, « cent *chen* » qui, suivant l'âge, changent de place dans le corps ; d'ailleurs le foie, les poumons et les reins correspondent au printemps, à l'automne et à l'hiver comme à l'Est, l'Ouest et le Nord ; les âmes peuvent se séparer du corps, et même, par la magie noire, en être extraites, sans occasionner la mort nécessairement. Les esprits peuvent entrer en relation avec les vivants ; il y en a qui se vengent du mal qu'on leur a fait ; naturellement ils apparaissent aux hommes dans leurs rêves.

Quand un homme est sur le point de mourir, on convoque ses parents pour assister à ses derniers moments ; dès qu'on s'aperçoit que la fin est proche, on transporte le moribond de son lit sur des planches placées sur des tréteaux et il est couvert de la natte sur laquelle il était étendu ; on le lave et le rase et ses vêtements funéraires sont arrangés autour de lui, les souliers aux pieds, le chapeau à la tête, le pantalon et la robe à côté. Un silence religieux règne dans la salle, mais dès que le malade a rendu le dernier soupir, ses parents se répandent en bruyantes lamentations ; les yeux du mort sont fermés, et une fenêtre est ouverte pour permettre aux mauvais esprits, cause de la maladie, de fuir de la maison. Les parents les plus proches revêtent des vêtements grossiers et lavent le corps ; ce sont généralement les femmes qui se livrent à cette cérémonie. Une lumière et de petites poupées en papier qui représentent des serviteurs sont placées près du corps, et les enfants vont recueillir chez les voisins des cendres qui seront placées dans le cercueil ; le mobilier de l'appartement est enlevé ; du riz cuit, des légumes sont distribués sur une table à côté du défunt en même temps qu'une offrande de même nature est offerte à la divinité locale du sol ; enfin les parents et les amis viennent faire les visites de condoléances.

Puis le corps est revêtu de pantalons de toile ou de coton doublé d'une étoffe de soie blanche, de bas semblables et d'une blouse à larges manches qui descend jusqu'aux genoux ; par-dessus on ajoute des jaquettes, des robes, etc., comme en portait le défunt ; après l'habillement, une offrande de mets appelée *si cheng*, « adieu à la vie », a lieu pour montrer que la famille n'espère plus que le défunt revienne à la vie ; sur la table on place perpendiculairement une planchette de bois en forme de tronc de pyramide d'une dizaine de centimètres de hauteur, qui représente le corps et dans laquelle l'âme doit pénétrer grâce aux prières du bonze convoqué à cet effet. Un sacrifice d'une douzaine de plats, puis un envoi d'argent au défunt sous forme de monnaie de papier que l'on brûle, ont lieu plus tard.

Puis vient la réception du cercueil, *tsie-pan*,

porté par six ou huit coolies sur leurs épaules, accompagnés de musiciens ; dans le cercueil on jette des clous pour que les enfants et petits-enfants puissent avoir des héritiers mâles, puis une poignée de graines de chanvre et de pois, symbole d'une nombreuse postérité, puis du blé, du millet, etc., signe d'abondance ; on ajoute des débris de papier, puis le tout est couvert d'une planche percée de sept trous, correspondant aux étoiles de la Grande Ourse. Sur cette planche, on place un matelas de coupures de papier, puis une natte faite avec de la moelle de roseau, puis une natte ordinaire et un oreiller de bambou. Une poignée de sapèques, emblème de la possession de la fortune jusqu'après la mort, est placée dans les manches du défunt ; on a soin, d'ailleurs, d'enlever les sapèques avant les funérailles. Puis le corps est placé dans le cercueil avec les objets dont le défunt a fait usage dans ce monde et qui pourraient lui servir dans l'autre : tels que sa pipe, son pinceau, son encrier, la copie du brevet de son grade s'il est mandarin, etc. Enfin, on cale le corps avec des morceaux de chaux, de l'argent en papier, ou de simples morceaux de papier, puis on étend un drap blanc, puis un drap rouge plus petit, puis une grande et une petite paire de pantalons, bourrés de lingots de papier d'or et d'argent, puis les deux petits esclaves de papier dont nous avons déjà parlé, un miroir, ou à son défaut une rondelle de fer-blanc, puis une bande de toile grossière sur laquelle est dessinée à l'encre noire une figure mâle ou femelle suivant le cas ; puis on place le couvercle sur le cercueil, les parents se retirant à une certaine distance, ou dans une autre pièce, pour éviter que leurs ombres soient emprisonnées avec le corps du défunt dans sa dernière demeure.

Puis on devra choisir un jour favorable pour l'enterrement ; on envoie les cartes de deuil, puis aura lieu l'emmagasinage du cercueil en attendant son enterrement définitif, toutefois, il ne me paraît pas utile d'entrer ici dans le détail de toutes ces cérémonies. Je rappellerai qu'il y a cinq degrés ou cinq sortes d'habillement de deuil suivant la parenté ; que le blanc est la couleur du deuil en général, et le bleu la couleur du deuil impérial.

La durée du deuil varie suivant le degré de parenté, en voici les règles d'après le *Ta tsing lew lee*, code pénal de l'Empire :

Le deuil, pour les plus proches parents au

premier degré, sera porté pendant trois ans : l'habillement sera fait du chanvre le plus grossier et sans que les bords soient cousus.

Le deuil, pour les autres parents au premier degré, sera de trois ou de cinq mois : l'habillement sera fait d'un chanvre de moyenne grosseur, et bordé.

Pour les parents au second degré, le deuil sera porté pendant neuf mois : l'habillement sera fait de toile grossière.

Pour les parents au troisième degré, le deuil sera de cinq mois : l'habillement sera fait d'une toile de moyenne finesse.

Pour les parents au quatrième degré, le deuil durera trois mois et l'habillement sera fait d'une toile de moyenne grosseur.

Le deuil est porté pendant trois ans pleins :

Par un fils, pour son père ou sa mère ;

Par une fille, pour son père et sa mère, lorsqu'elle vit sous le même toit, quoiqu'elle soit fiancée, ou même mariée, ou si, étant divorcée, elle est renvoyée chez ses parents ;

Par la femme du fils, pour le père et la mère de son mari ;

Par un fils et sa femme, pour celle qui a succédé à la première femme de son père ; pour la femme de son père, ayant remplacé sa mère, et pour la femme de son père, qui l'a nourri ;

Par le fils d'une femme inférieure et par sa femme, pour sa mère naturelle, et pour la première femme de son père ;

Par un fils adoptif et sa femme, pour les père et mère qui l'ont adopté ;

Par un petit-fils et sa femme, pour ses grands parents paternels ;

Par une femme, principale ou inférieure, pour son mari.

Dans l'humble demeure du paysan comme dans la maison somptueuse du banquier, dans le misérable logis du coolie comme dans l'imposant yamen du mandarin, l'ancêtre est présent au foyer domestique, dans un cadre qui varie suivant la fortune, mais entouré partout de la même vénération. Les ancêtres sont représentés soit par une simple tablette, *chen tchou* ou *chen p'ai*, d'environ quinze centimètres de haut sur quatre de large, soit, chez les gens aisés, par une salle, *tsou miao*, où sont réunies et rangées par ordre chronologique les tablettes de tous les parents défunts ; ces salles sont plus ou moins richement ornées, suivant l'état de fortune du propriétaire ; les tablettes se trouvent toujours chez le fils aîné, souvent aussi chez la plupart des membres de la famille. Parfois, derrière la tablette, une cavité permet de recueillir des morceaux de papier portant les noms d'ancêtres éloignés ; tous les jours on brûle de l'encens et du papier devant les tablettes, en accompagnant la cérémonie de génuflexions.

On célèbre d'une manière générale le culte des ancêtres dans la première moitié d'avril, cent six jours après le solstice d'hiver, période appelée *tsing ming;* toute la population se rend en famille aux cimetières, portant les objets nécessaires aux libations et aux sacrifices, le papier et l'encens pour être brûlés ; les tombes sont réparées et nettoyées ; il existe, comme on le voit, une grande ressemblance entre cette cérémonie et les visites que l'on fait dans nos pays dans les cimetières le jour de la Toussaint ou le jour des Morts. Les prières terminées, trois morceaux de gazon sont placés à l'avant et à l'arrière de la tombe pour maintenir des flots de papier rouge et blanc qui flottent au vent, indiquant que les rites ont été accomplis.

Comme on le voit, ce culte est simple ; il réunit également toutes les classes de la société, toutes les sectes religieuses de l'Empire, qu'elles soient confucianistes, bouddhistes ou taoïstes ; on peut donc dire avec raison que tout en n'étant pas comprise dans les *San-kiao*, les trois religions d'Etat, elle est la principale religion de la Chine. C'est le plus sérieux ennemi que rencontre le prosélytisme chrétien ; car le culte des ancêtres étant la base même de la société, le christianisme représente, en dehors du principe religieux, un aspect révolutionnaire et subversif. On a essayé de tourner la difficulté en disant que le culte des ancêtres ne consistait qu'en hommages rendus à la mémoire des parents défunts. Mauvaise foi ou erreur ! Le culte des ancêtres est une religion, une véritable religion, avec des cérémonies parfaitement précises et c'est ainsi que l'a compris le Saint-Siège.

Le célèbre Matteo Ricci, grâce à ses succès de prédication, à sa connaissance des mathématiques, et aux amitiés qu'il avait su s'attirer, avait pu s'installer à Pe-king, où il mourut le 14 mai 1610, ayant jeté les bases de la mission si célèbre aux deux derniers siècles. Ricci, avec l'habileté essentiellement pratique de la Compagnie de Jésus, avait immédiatement compris que, dans un pays, la religion officielle n'est qu'un code moral, base même du gouvernement ; il fallait savoir concilier les exigences du christianisme avec le culte rendu à Confucius et aux ancêtres. Aussi voyons-nous ses successeurs, qui, en théorie, ne partageaient pas tous sa manière de voir, témoin le Père Longobardi, suivre néanmoins sa tradition et arriver à gagner les bonnes grâces des empereurs. Les choses changèrent avec l'arrivée des dominicains et des franciscains dont l'intolérance fut le point de départ de la fameuse querelle connue sous le nom de *Question des Rites chinois* à laquelle ne tardèrent pas à s'ajouter les difficultés de la nomination des évêques, des luttes des jansénistes et des jésuites, de la querelle de la Bulle *Unigenitus*, du protectorat des missions par le Roi de Portugal, etc. Ce n'est pas ici le lieu de raconter cette fameuse question des rites qui fut enfin réglée d'une façon définitive le 11 juillet 1742 par la Bulle de Benoît XIV *Ex quo singulari;* en pratique, il en résultait ceci : que tous les missionnaires qui allaient en Chine, à quelque congrégation qu'ils appartinssent, devaient prêter le serment de regarder comme idolâtrique tout hommage rendu à Confucius et aux ancêtres, et de n'employer qu'un seul terme, celui de *T'ien-tchou*, pour désigner l'Etre suprême. Les jésuites étaient défaits ; mais le triomphe de leurs adversaires était sinon la ruine, du moins l'arrêt complet des progrès du christianisme en Chine. Benoît XIV, pontife d'une intelligence remarquable, théologien éminent, avait raison au point de vue du dogme, quoique l'hommage rendu aux Saints et aux Morts dans l'Eglise catholique ressemble singulièrement au culte rendu en Chine aux ancêtres défunts ; mais, comme il n'avait qu'une connaissance théorique du Céleste Empire, il avait commis, et l'événement l'a prouvé depuis, il avait commis une faute qui ne saurait être réparée qu'en annulant sa Bulle, ce qui est facile pour l'un de ses successeurs, témoin les décrets contradictoires d'Innocent X, d'Alexandre VII, de Clément IX, d'Innocent XII, de Clément XI, de Clément XII et de Benoît XIV.

Mais revenons à la piété filiale. Nous ne voudrions pas abandonner ce sujet sans répéter que nous ne l'avons jusqu'à présent considérée que comme dogme officiel, base du gouvernement, origine du culte des ancêtres. Il serait injuste de ne pas dire que la pratique de la piété filiale est en grand honneur à la Chine. Non pas que dans ce vaste empire les fils soient plus respectueux que ceux d'autres pays pendant la vie de leurs parents ; il semblerait même que l'exagération de ce sentiment ne commence à se manifester qu'après la mort des principaux intéressés. Mais les traits de piété filiale sont fort nombreux, et des ouvrages spéciaux les recueillent avec soin. Le Père Cibot en a mentionné un grand nombre dans les *Mémoires concernant les Chinois*, IV, pp. 168 et seq., ainsi que M. Dabry de Thiersant dans son petit volume *La Piété filiale en Chine* (Paris, 1877). On rencontre dans les villes et les campagnes, des arcs de triomphe appelés *p'ai leou*, élevés aussi bien à la mémoire de jeunes filles dévouées à leurs parents qu'à des veuves éplorées qui n'ont pu survivre à leur époux. L'un des traits de piété filiale le plus connu en Chine est celui qui accompagna la fonte de la grosse cloche, placée à Pe-king dans une tour construite en 1410, par l'empereur Yong-lo. La fonte ne devait réussir, suivant les augures, que s'il entrait dans la composition de l'alliage le sang d'une vierge, et la fille du fondeur, pour sauver la vie de son père, se précipita dans la masse des métaux en fusion. L'opération réussit admirablement et lorsqu'on sonne la cloche, celle-ci répond par un son plaintif.

Mais voici un fait relativement récent, tel que le note le célèbre Li Hong-tchang :

« Une autre affaire. Lin Chou, contrôleur des droits sur le sel à Tch'ang lou, et d'autres, signalent la piété filiale d'une femme nommée Ma K'ing-ts'ouei, fille de Ma Tzeu-ou, qui est originaire du Houai-gning-hien dans le Mgan-houei et attend une place de préfet en second, et nièce du préfet de Tien-tsin Ma Cheng-ou, qui est frère de Ma Tzeu-ou par son père et par sa mère. Au temps ordinaire, elle a été fiancée dans le Tcheu-li à Fang Tch'oung-jenn, aspirant à une place de contrôleur des droits sur le sel, et fils de Fang Pao-chen, qui aspire à une place de sous-préfet. K'ing-ts'ouei, naturellement portée à la piété filiale, a aidé ses parents avec le plus entier dévouement.

» Ne pouvant travailler et souffrir pour eux autant qu'ils avaient travaillé et souffert pour elle, souvent elle demandait au Ciel de retrancher du nombre de ses années pour ajouter à la vie de ses parents. En 1872 et en 1874, son père et sa mère tombèrent gravement malades successivement. K'ing-ts'ouei leur présentant elle-même les potions, les servit jour et nuit pendant longtemps sans se lasser.

» Bien plus, elle se perça la cuisse pour leur donner son sang (ou sa chair) dans un breuvage. C'est certainement à cette invention de sa piété filiale que ses parents ont dû leur guérison. Mais elle n'a pas atteint l'époque de ses noces. Dans le cours du neuvième mois de la première année de Kouang siu, elle est morte de maladie, à l'âge de vingt-et-un ans. Le contrôleur des droits sur le sel, et d'autres, après avoir bien constaté les faits, m'ont écrit une lettre commune, et se fondant sur des précédents, m'ont prié d'informer la Cour.

» Je vois que dans toutes les provinces les fils et les filles qui, par affection envers leurs parents, se percent la cuisse pour les guérir, reçoivent toujours des distinctions honorifiques ; les archives en font foi. Or Ma K'ing ts'ouei, par amour envers ses parents, s'est percé deux fois la cuisse pour leur rendre la santé. Elle a montré une vertu héroïque.

» *Je crois devoir vous prier de permettre* qu'un monument ou une inscription perpétue le souvenir de sa piété filiale. J'ai fait recueillir les documents, les attestations ; j'ai informé le Tribunal des rites et le gouverneur du Ngan-houei. En outre, je prie humblement l'Impératrice-régente et l'Empereur de lire cette note, et de donner leurs instructions. Note additionnelle adressée à la Cour. »

» Le grand Conseil a reçu la réponse suivante :

« Nous autorisons la distinction honorifique demandée. Que le Tribunal des rites en soit informé. »

« Respect à ceci. »[1]

Mais, dira-t-on, dans ce pays où la piété filiale est tenue en si grand honneur, il ne peut y avoir place pour l'infanticide ? Quel rôle peut jouer dans ce pays si vertueux, cette Sainte-Enfance qui, nous disait-on dans notre jeunesse, quand on nous demandait un petit sou pour son Œuvre, rachetait les petits enfants qu'exposaient des parents dénaturés dans les rues pour y être dévorés par les animaux errants et en particulier par les pourceaux ? Avec juste raison l'on n'accorde plus la moindre créance à cette légende. Que par suite de circonstances exceptionnelles, des enfants aient été abandonnés aux hasards de la rue, c'est chose possible et même

1. S. Couvreur, *Choix de Documents*, 1894, p. 151.

très vraisemblable, mais d'un fait ou même de faits isolés, on ne peut tirer de conclusions générales. Il y a une coutume qui peut avoir donné une apparence de vérité à l'histoire des enfants exposés aux animaux : on trouve aux environs d'un grand nombre de villes, par exemple sur le chemin qui conduit de la route française de Siu Kia-weï à la porte Sud de Chang-Haï, des tours soit circulaires, soit octogonales, hautes d'environ trois mètres, construites de pierres ou de briques, dans lesquelles on jette les cadavres des enfants morts-nés. Il existait jadis dans les cagnards de l'Hôtel-Dieu, à Paris, un puits dit de Saint-Landry, qui servait au même usage. Qu'il se glisse parfois au milieu de ces cadavres un pauvre petit malheureux encore vivant, c'est probable, mais soyez assuré que la victime sera une fille et non un garçon. Les Chinois possèdent même des orphelinats.

Et cependant telle est la nature humaine que l'infanticide existe en Chine, aussi répandu que dans les pays occidentaux : les décrets nombreux de gouverneurs de provinces afin de le réprimer en sont la meilleure preuve. J'ai devant moi une longue liste de requêtes et d'édits relatifs à l'infanticide en Chine, qui s'étend depuis le premier empereur de la dynastie actuelle Chouen-tche (1644), jusqu'au dernier empereur Kouang-siu ; elle est singulièrement édifiante.

Règne de Chouen-tche, 1644-1662. — Requête du censeur impérial Wei-i-Kiai contre la coutume de l'infanticide, qui règne dans les provinces du Kiang-sou, du Ngan-hoei, du Kiang-si et du Fou-kien, 1659. Edit impérial de Chouen-tche.

Règne de Kang-hi, 1662-1723. — Proclamation de Ki-eul-hia, préfet de Yen-tcheou, dans le Tché-kiang : « Le Parfait bonheur des peuples ». — Project d'un Hôtel de miséricorde. — Edit portant défense de noyer les petits enfants.

Règne de Yong-tcheng, 1723-1736.

Règne de Kien-long, 1736-1796. — Requête de Ngeou-yang-yun-ki, grand-juge du Kiang-si, confirmée par l'empereur en 1772. — Edit publié par Kien-long, en 1773. — Proclamation de Chen, trésorier général du Kiang-sou, 1785.

Règne de Kia-king, 1796-1820. — Requête de Ou-sing-king, lettré du Ngan-hoei, 1815, Edit impérial de Kia-king. — Proclamation de Pé-ling, vice-roi du Kiang-nan.

Règne de Tao-Kouang, 1820-1851. — Proclamations de Chen, gouverneur du Tché-kiang, en 1825 ; de Ki, lieutenant-gouverneur du Koang-tong, en 1838. Brochure contre l'infanticide, répandue dans le Hou-pé, le Hou-nan, et le Koang-tong, en 1843. Edit impérial de Tao-Koang, en 1845. — Proclamation du grand-juge du Koang-tong, en 1848. Chen-yen-king, sous-préfet de Po-yang.

Règne de Hien-founq, 1851-1862. — Proclamations d'un mandarin de Choui-tcheou-fou, au Kiang-si, en 1852, et d'un magistrat de Tang-tcheou, dans le Ho-nan vers l'année 1861.

Règne de T'ong-tche, 1862-1875. — Proclamations des mandarins de Fou-tcheou au Fou-kien, et de Kia-yng-tcheou, au Koang-tong, en 1866. — Edit des impératrices régentes, en 1866, contre l'infanticide commis au Koang-tong, au Fou-kien, au Tché-kiang, au Chan-si. — Proclamations de Yn, Tao-taï de Chang-haï ; de Puo-ien-huon, gouverneur du Fou-kien en 1866 ; de Zen-koué-kieng, gouverneur du Hou-pé ; de Wang, trésorier général du Kiang-sou, en 1867 ; de Yang, gouverneur du Tché-kiang, en 1872 ; de Chen, Tao-taï de Chang-haï ; de Tchang, vice-roi des deux Kiang ; de Ling, légat impérial au Hou-pé, en 1873 ; du sous-préfet maritime de Chang-haï, en 1874.

Règne de Koang-siu, 1875. — Proclamations de Chen, sous-préfet maritime de Chang-haï, en 1875, et des mandarins de Fou-tcheou en 1876 et en 1877. — Proclamation du sous-préfet de Han-yang-hien, reproduite par le « Chen-pao » dans son numéro du 15 février 1878.[1]

J'extrais d'un Avis publié en 1885, par K'ouai, trésorier général de la province de Hou-pé, pour défendre sévèrement de noyer les petites filles, et protéger ainsi la vie humaine, quelques passages intéressants :

« Rien ne doit être plus respecté que la vie humaine, et rien de plus innocent qu'un enfant nouveau-né. Quelle tendresse, quelle sollicitude une mère ne doit-elle pas avoir pour sa fille ! Que des femmes, aussitôt après avoir mis au jour le fruit de leurs entrailles, traitent d'une manière inhumaine leur propre chair ; qu'elles aillent jusqu'à porter sur leurs filles des mains violentes ; que des mères se transforment en bêtes féroces, c'est la coutume la plus barbare qui se puisse jamais introduire. Dans leur sotte ignorance, elles disent toutes que si elles ont trop de filles, leurs ressources ne suffiront pas

1. Liste d'après le P. Gabriel Palatre, *L'Infanticide et l'Œuvre de la Sainte-Enfance en Chine*, Chang-haï, 1878, in-4.

pour les nourrir et les élever ; ou bien, dans leur extrême désir d'avoir des garçons, elles craignent que l'allaitement des filles ne rende la conception ou la gestation difficile ; ou bien encore, elles craignent de ne pouvoir leur fournir leur trousseau de noces.

» Elles ne savent pas que toutes les sous-préfectures de la province ont des orphelinats, qui reçoivent et nourrissent les enfants des familles pauvres, garçons et filles. Si leur indigence les empêche d'allaiter et de nourrir leurs enfants, elles peuvent toujours les donner aux orphelinats, ou permettre à d'autres personnes de nourrir les filles pour en faire leurs filles adoptives ou leurs belles-filles. Par ces moyens, elles peuvent conserver la vie à leurs enfants. Quant au trousseau, s'il est en rapport avec la condition de la famille, quand même la jupe serait faite de toile, et l'épingle de tête faite de bois, il est convenable. On voit certainement dans le monde des jeunes gens pauvres qui ne peuvent jamais se marier ; on n'a jamais entendu dire qu'il y eût des filles pauvres qui ne parvinssent jamais à s'établir.

» D'ailleurs le Ciel aime à restituer. Les filles qui ont été noyées, renaissent ; et elles renaissent filles. Le Ciel veut leur donner le jour, et l'homme veut leur donner la mort. Or celui qui résiste au Ciel se perd ; celui qui se rend coupable d'homicide, est puni de mort. L'outrage appelle la vengeance. La mère coupable n'obtiendra pas la prochaine naissance d'un garçon ; même il est à craindre qu'il ne lui survienne des malheurs extraordinaires.

» En outre, d'après les lois, la mère qui noie sa fille, doit, comme le père qui tue volontairement son fils ou son petit-fils, être punie de soixante coups de bâton et d'un an d'exil. Le parent, le voisin, l'associé, qui, prévoyant le crime, ne l'a pas empêché, encourt aussi un châtiment. Quelle n'est pas la sévérité des lois ! Bien des fois déjà nous avons publié des explications, des avertissements, des défenses. Cependant, la coutume de noyer les filles n'a pas encore pu être abolie. Cela vient surtout de ce que les officiers et les notables négligent leur devoir. La plupart des filles du peuple qui se marient, ne pensent qu'à la vanité. Parfois on en punit une ou deux d'après la loi. Peu à peu, avec le temps, on se joue de la vie humaine. »[1]

1. Couvreur, *l. c.*, pp. 64, 65.

On voit par suite qu'il y a place en Chine pour l'œuvre de la Sainte-Enfance.

Des esprits prévenus par des rapports inexacts ou qui n'avaient pas compris la question, voire de mauvaise foi, ont vivement et à tort critiqué cette institution, qui rend les plus grands services à la cause de l'humanité et de la civilisation.

Mais ce sou que l'on souscrit pour le rachat des petits Chinois ? Il n'est pas perdu et remplit son office. Allez chez les Lazaristes à Ting-haï, dans les îles Chousan, qui est le chef-lieu de la Sainte-Enfance, chez les Dames auxiliatrices des Ames du Purgatoire à Siu-Kia-weï, ou bien encore chez les Sœurs italiennes à Han-K'eou, et vous y trouverez la réponse ; vous y verrez une multitude d'enfants rachitiques, estropiés, difformes ; nous avons vu une salle entière de petits aveugles — dont les parents étaient trop heureux de se débarrasser. Les familles pauvres cèdent quelquefois aussi les enfants, généralement les filles, que leurs minimes ressources ne leur permettent pas d'élever.

J'ai essayé de retracer sommairement la question de la Piété filiale en Chine ; je crois n'avoir oublié aucun des points qui pouvaient intéresser des auditeurs français, et je m'estimerai heureux si j'ai réussi dans la tâche agréable que j'avais accepté de remplir.

Chalon-s.-Saône. – Imprimerie Française et Orientale, E. BERTRAND

www.ingramcontent.com/pod-product-compliance
Ingram Content Group UK Ltd.
Pitfield, Milton Keynes, MK11 3LW, UK
UKHW020219200726
13856UKWH00004B/1486

9 782013 411578